Liebe Leserin,

wer behauptet, dass Trachtenschmuck nicht zeitgemäß sei und sowieso nur was fürs tiefste Bayern? Lassen Sie sich überraschen: Von Gothic über Skull bis Alpenbarock – hier finden Sie tolle Interpretationen dieses schönen traditionellen Schmucks: urig, romantisch, modern, jugendlich, verwegen und sexy.

Mit minimalen Nähkenntnissen und wenigen Stichen können Sie die Modelle ganz einfach nachnähen. Viele kleine Details zeigen Ihnen, wie der Schmuck stilecht aussieht. Im Workshop im Anhang des Buches werden die wichtigsten Modelle zudem in Bild und Text Schritt für Schritt genau erklärt. Werden Sie kreativ: Bereits die Wahl einer anderen Farbe oder eines anderen Knopfes oder Stoffes taucht Ihr Modell optisch in ein neues Licht. So passt es auch zu Ihrer Lieblingsbluse.

Schnappen Sie sich ein Stückchen Stoff und einen Knopf aus Ihrer Knopfsammlung und fangen Sie gleich an! Sogar aus kleinen Resten aus Ihrer Stoffkiste lässt sich noch ein hübsches Armband oder eine Rosette gestalten.

Viel Spaß und Erfolg!

Ingrid Kimbrough

Feinsliebchen

Halsband • Armband • Haarspange • Strumpfband

Halsband

Material:
- 80 cm rote, einseitig gekräuselte Vichy-Karo-Rüsche, 2 cm breit
- 40 cm rot-grüne Blumenborte, 1 cm breit
- 1 silberfarbener, herzförmiger Knebelverschluss, ca. 2 cm breit

Zuschneiden
Rüsche: 2 x 34* cm (*Halsumfang plus 1 cm)
Borte: 34* cm

So wird's gemacht
Den Gummifaden der Rüsche in der Mitte übereinanderlegen und mit Zickzackstich zusammennähen, Die Borte entlang der Längskanten knappkantig aufsteppen. Die Enden mit Zickzackstich versäubern, um 1,5 cm nach links klappen und festnähen. Den Knebelverschluss an die Bandenden nähen.

Armband

Material:
- 25 cm rote, einseitig gekräuselte Vichy-Karo-Rüsche, 2 cm breit
- 25 cm rot-grüne Blumenborte, 1 cm breit
- 25 cm Klöppelspitze, 3 cm breit
- 1 silberfarbener, herzförmiger Knebelverschluss, ca. 2 cm breit

Zuschneiden
Rüsche: 18* cm
(*Handgelenksumfang plus 1 cm)
Borte: 18* cm
Spitze: 18* cm

So wird's gemacht
Klöppelspitze auf den Gummifaden der Rüsche stecken und mit Zickzackstich zusammennähen. Über diese Naht die Blumenborte legen und entlang beider Kanten knappkantig aufsteppen. Die beiden Enden des Armbandes mit Zickzackstich versäubern, um 1,5 cm nach links klappen und festnähen. Den Knebelverschluss an die Bandenden nähen.

Haarspange

Material:
- 15 cm rote, einseitig gekräuselte Vichy-Karo-Rüsche, 2 cm breit
- 15 cm rot-grüne Blumenborte, 1 cm breit
- 1 Haarspange ohne Dekor, 8 cm lang

Zuschneiden
Rüsche: 11* cm
(*Länge der Haarspange plus 3 cm)
Blumenborte: 11* cm

So wird's gemacht
Die Blumenborte auf den Gummifaden der Rüsche stecken und aufsteppen. An den Enden 2-mal 0,75 cm nach innen klappen und, wie im Workshop beschrieben, auf der Spange festnähen.

TIPP: Schneiden Sie Halsband, Armband und Haarspange erst nach dem Aufsteppen der Borte exakt zu, da sich die Rüsche durch das Aufsteppen auf Gummiband etwas dehnt.

Strumpfband

Material:
- 150 cm rote, einseitig gekräuselte Vichy-Karo-Rüsche
- 20 cm rote Vichy-Karo-Borte, 1 cm breit
- 1 brauner Trachtenknopf (Hornimitat) mit zwei Schlitzen, ø 28 mm

Zuschneiden
Rüsche: 90* cm (*Schenkelumfang mal 2 minus ca. 10 cm)

So wird's gemacht
Die Rüsche zur Hälfte legen, sodass die Gummifäden in der Mitte übereinanderliegen, von beiden Seiten mit Stecknadeln fixieren. Die Gummifäden mit Zickzackstich zusammennähen. Die offenen Kanten der Rüsche mit Zickzackstich versäubern. Das runde Ende der Rüsche ca. 3 cm über das andere Ende legen. Die Borte zur Hälfte legen, die Mitte mit einer Stecknadel markieren und auf die zusammengelegten Enden der Rüsche stecken. Quer zum Strumpfband zusammensteppen, sodass gleichzeitig das Strumpfband geschlossen wird und die Borte mittig festgenäht ist. Beide Enden der Borte durch jeweils einen Knopfschlitz fädeln und schräg abschneiden. Auf dem Knopf zu einer Schleife binden.

Mei Herz an deim Bandl

Halsband · Armband · Dirndltasche

Halsband

Material:
- 15 x 40 cm naturfarbener Leinenstoff
- 40 cm grüne Efeuranken-Borte,
  2,5 cm breit
- ca. 20–25 rote Krepp-Perlen, ø 4 und 6 mm
- 1 messingfarbener Knebelverschluss,
  ca. 2 cm breit

Zuschneiden
Maße inkl. 1 cm Nahtzugabe.
Stoff: 10 x 33* cm (*Halsumfang)
Borte: 31** cm (**Halsumfang minus 2 cm)

So wird's gemacht
Das Halsband, wie im Workshop beschrieben,
nähen. Anschließend die Mittelranke der Borte
mit Zickzackstich auf das Halsband aufsteppen. Perlen entlang der Mittelranke von Hand
aufnähen. Den Knebelverschluss an die Bandenden nähen.

TIPP: Krepp-Perlen haben eine leicht raue
Oberfläche und glänzen nicht so stark. Genauso gut können Sie alle anderen Sorten Perlen verwenden, z. B. aus Glas, Stein, Holz oder
Perlmutt, oder auch Muschelplättchen in Blü-
tenform.

Armband

Material:
- 15 x 25 cm naturfarbener Leinenstoff
- 25 cm grüne Efeuranken-Borte,
  2,5 cm breit
- ca. 12–17 rote Krepp-Perlen, ø 4 und 6 mm
- 1 messingfarbener Knebelverschluss,
  ca. 2 cm breit

Zuschneiden
Maße inkl. 1 cm Nahtzugabe.
Stoff: 10 x 17* cm (*Handgelenksumfang)
Borte: 15** cm (**Handgelenksumfang
minus 2 cm)

So wird's gemacht
Das Armband genauso wie das Halsband
nähen.

Dirndltasche

Material:
- 35 x 60 cm naturfarbener Leinenstoff
- 30 x 40 cm naturfarbener Leinenstoff mit Rosenmotiv
- 1 naturfarbene Häkelspitze „Herz", ca. 12 x 12 cm
- 3 cm weißes Klettband zum Aufnähen

Zuschneiden

Maße inkl. 1 cm Nahtzugabe. Die Schnittvorlage für die Dirndltasche finden Sie auf Seite C.
Leinen (natur): 3 Ovale nach Schnittvorlage; 2 Quadrate à 7 x 7 cm (Gürtelschlaufen)
Leinen (mit Rosenmotiv): insg. 4 x 90 cm (im schrägen Fadenlauf, Einfassung)
Den Schrägstreifen für die Einfassung aus ca. 3 Stücken zusammensetzen.

So wird's gemacht

Die Dirndltasche, wie im Workshop beschrieben, nähen. Anschließend das Häkelmotiv mittig auf die vordere Klappe stecken und mit der Nähmaschine oder von Hand aufnähen.

TIPP: Achten Sie bei zusammengesetztem Schrägband darauf, dass sich die Nähte möglichst an der Rückseite der Tasche befinden. Falls Sie keine Lust haben, das Schrägband selber herzustellen, finden Sie im Handel bereits viele Sorten fertiges, einfarbiges oder gemustertes Schrägband, sogar solches mit einem Häkelabschluss. Verzieren Sie unifarbenes Schrägband nach Belieben zusätzlich durch Stickerei, Perlen, Knöpfchen, Schleifchen oder Satinröschen.

Frühlings Erwachen

Herzanhänger • Kettenarmband mit Herz • Dirndltasche

Herzanhänger

Material:
- 15 x 25 cm hellgrüner Baumwoll-Vichy-Karo
- 10 x 15 cm hellgrüner Baumwollstoff
- 10 cm Blütenborte, 2,5 cm breit
- 1 grüne Gazekette
- 1 Biegering, ø 8 mm
- Synthetische Füllwatte

Zuschneiden

Maße inkl. 0,5 cm Nahtzugabe. Die Herz-schablone finden Sie auf Seite B.
Karo-Stoff: 1 Quadrat à 10 x 10 cm;
1 Rechteck à 8 x 10 cm
Uni-Stoff: 1 Rechteck à 8 x 10 cm

So wird's gemacht

Für die Vorderseite des Herzes die beiden 8 x 10 cm große Teile aus uni und kariertem Stoff an der langen Kante rechts auf rechts zusammennähen. Die Nahtzugaben auseinanderbügeln. Die Blütenborte auf der rechten Seite über der Naht aufsteppen. auf der linken Seite das Herz mit Hilfe der Herzschablone aufzeichnen. Rechts auf rechts auf das Quadrat (Rückseite) legen und das Herz, wie im Workshop beschrieben, nähen.

TIPP: Nähen Sie Herzen in ähnlichen Farben oder in gleicher Farbe mit verschiedenen Mustern. Oder wählen Sie für die Gazekette eine andere Farbe. Die Optik kann verblüffend anders sein.

Kettenarmband mit Herz

Material:
- 15 x 25 cm hellgrüner Baumwollstoff
- 10 x 15 cm hellgrüner Baumwoll-Vichy-Karo
- 10 cm Blütenborte, 2,5 cm breit
- 1 altsilberfarbenes Gliederarmband, 18–24 cm lang
- 1 Biegering, ø 8 mm
- Synthetische Füllwatte

Zuschneiden

Maße inkl. 0,5 cm Nahtzugabe. Die Herz-schablone finden Sie auf Seite B.

Uni-Stoff: 1 Quadrat à 10 x 10 cm;
1 Rechteck à 8 x 10 cm

Karo-Stoff: 1 Rechteck à 8 x 10 cm

Gliederarmband: an den Handgelenks-umfang anpassen

So wird's gemacht

Das Herz genauso wie den Herzanhänger nähen, jedoch befindet sich hier der unifar-bene Stoff im unteren Teil des Herzens. Das Herz mit dem Biegering am Gliederarmband befestigen und den Ring schließen.

So wird's gemacht

Die Dirndltasche, wie im Workshop beschrie-ben, nähen. Zum Schluss die Blütenborte von Hand auf den Rand der vorderen Taschen-klappe und den Knopf unten mittig aufnähen.

TIPP: Steppen Sie die Einfassung der unten lie-genden inneren Taschenpartie auf der Seite ab, auf der Sie die Stecknadeln gesteckt haben. Die Einfassung der Taschenklappe steppen Sie von der anderen Seite her ab. So haben Sie die Absteppnaht immer auf der sichtbaren Seite gemacht, d. h. auf der Vorderseite der Taschen-klappe und auf der Vorderseite des Taschen-innenteils.

Dirndltasche

Material:
- 35 x 100 hellgrüner Baumwollstoff
- 45 cm dunkelgrüne Blütenborte,
  2,5 cm breit
- 1 silberfarbener Trachtenknopf, ø 23 mm
- 3 cm weißes Klettband zum Aufnähen

Zuschneiden

Maße inkl. 1 cm Nahtzugabe. Die Schnittvor-lage für die Dirndltasche finden Sie auf Seite C.

Stoff: 3 Ovale nach Schnittvorlage; 2 Quadrate à 7 x 7 cm (Gürtelschlaufen); insg. 4 x 90 cm (im schrägen Fadenlauf, Einfassung)
Den Schrägstreifen für die Einfassung aus ca. 3 Stücken zusammensetzen.

I hob di liab

Ring • Haarspange • Halsband • Armstulpe

Ring

Material:
- 15 cm mittig gekräuselte Rüsche, 2,5 cm breit
- 15 cm schwarze Vichy-Karo-Borte, 1 cm breit
- 1 rosa Satinröschen

Zuschneiden
Maße inkl. 1 cm Nahtzugabe.
Rüsche: 9,5* cm (*Fingerumfang plus 2,5 cm)
Borte: 9,5* cm

So wird's gemacht
Die Borte mittig auf die Rüsche stecken und entlang der beiden Längskanten knappkantig aufsteppen. Beide Enden einzeln mit Zickzackstich versäubern, rechts auf rechts bündig übereinanderlegen und zusammennähen. Die Nahtzugaben auseinanderklappen mit ein paar Stichen von Hand festnähen. Ring auf rechts wenden und das Satinröschen von Hand mittig auf die Oberseite nähen.

TIPP: Bei der Ringgröße beachten, dass sich die Nahtzugabe innen im Ring befindet und etwas von der Weite in Anspruch nehmen. Daher sollte der Umfang nicht zu knapp bemessen sein.

Haarspange

Material:
- 15 cm schwarze, mittig gekräuselte Organza-Rüsche, 2,5 cm breit
- 15 cm schwarze Vichy-Karo-Borte, 1 cm breit
- 3 rosa Satinröschen
- 1 Haarspange ohne Dekor, 8 cm lang

Zuschneiden
Rüsche: 11 cm
Borte: 11 cm

So wird's gemacht
Die Haarspange, wie im Workshop beschrieben, nähen. Bevor jedoch das Rüschenband auf der Spange festgenäht wird, die Satinröschen in gleichmäßigem Abstand zueinander von Hand mittig auf die Borte aufnähen.

Halsband

Material:
- 45 cm schwarze, mittig gekräuselte Organza-Rüsche, 2,5 cm breit
- 1,10 m schwarze Vichy-Karo-Borte, 1 cm breit
- 3 rosa Satinröschen

Zuschneiden
Rüsche: 35* cm (*Halsumfang plus 2 cm)

So wird's gemacht
Beide Rüschenenden mit Zickzackstich versäubern, um 1,5 cm nach links klappen und festnähen. Die Borte mittig auf die Rüsche stecken, sodass auch die Enden, die über die Rüsche hinausragen, gleich lang sind. Entlang der Längskanten knappkantig aufsteppen. Die Satinröschen in gleichmäßigem Abstand zueinander von Hand auf das Halsband aufnähen, dabei von dem mittleren Röschen auf der vorderen Mitte ausgehen. Die Bortenenden schräg abschneiden. Die Borte wird im Nacken zu einer Schleife gebunden, um es zu schließen.

Armstulpe

Material:
- 60 cm schwarze, elastische Spitze, 15 cm breit

Zuschneiden
Maße inkl. 1 cm Nahtzugabe. Beim Zuschnitt darauf achten, dass der Musterrapport auf beiden Stulpen identisch ist. Je nachdem, wie elastisch die Spitze ist, die Sie verwenden, müssen Sie kürzer oder länger zuschneiden.
Elastische Spitze: 2 Stücke à 22* cm (*Handumfang an der breitesten Stelle minus 2 cm)

So wird's gemacht
Die Armstulpen, wie im Workshop beschrieben, nähen.

TIPP: Spitze ist unterschiedlich elastisch. Deshalb kann man hier keine genauen Zuschnitthinweise geben. Die genaue Passform am besten mit Hilfe einer zweiten Person ermitteln, die die Spitze mit der linken Seite nach außen direkt an der Hand mit Stecknadeln zusammensteckt (in leicht gedehntem Zustand). Dies ist die Nahtlinie. Stulpe vorsichtig abstreifen und an der abgesteckten Linie zusammennähen.

Engerl

Herzanhänger · Dirndltasche · Armstulpe mit Herz

Herzanhänger

Material:
- 15 x 25 cm weiß-blauer Baumwollstoff (Engel)
- 1 weiße Gazekette
- 1 Biegering, ø 8 mm
- Synthetische Füllwatte

Zuschneiden

Die Herzschablone finden Sie auf Seite B. Achten Sie beim Anzeichnen der Herzform auf dem Motivstoff darauf, dass sich der Engel in der Mitte des Herzes befindet. Dadurch ergibt sich unter Umständen ein höherer Stoffverbrauch.
Stoff: 2 Quadrate à 10 x 10 cm

So wird's gemacht

Das Herz, wie im Workshop beschrieben, nähen und einen Biegering anbringen. Die Gazekette durch den Biegering fädeln.

Dirndltasche

Material:
- 35 x 55 cm weiß-blauer Baumwollstoff (Engel)
- 35 x 130 cm blauer Baumwoll-Vichy-Karo
- 3 cm weißes Klettband zum Aufnähen

Zuschneiden

Maße inkl. 1 cm Nahtzugabe. Die Schnittvorlage für die Dirndltasche finden Sie auf Seite C.
Gemusterter Stoff: 3 Ovale nach Schnittvorlage
Karo-Stoff: 6 x 125 cm (Träger); insg. 4 x 90 cm (im schrägen Fadenlauf, Einfassung)
Den Schrägstreifen für die Einfassung aus ca. 3 Stücken zusammensetzen.

So wird's gemacht

Die Dirndltasche, wie im Workshop beschrieben, nähen, jedoch nicht mit Gürtelschlaufen, sondern mit einem langen Träger (Variante).

TIPP: Achten Sie bei Stoffen, die mit großen Motiven genäht sind, auf einen schönen Musterausschnitt, umso schöner wird das Ergebnis.

Material:

- 60 cm weiße, elastische Spitze, 18 cm breit
- 20 x 35 cm blauer Baumwoll-Vichy-Karo
- 15 x 25 cm weiß-blauer Baumwollstoff (Engel)
- 15 x 50 cm Vliesofix

Zuschneiden

Maße inkl. 1 cm Nahtzugabe. Die Herzschablone finden Sie auf Seite B (passen Sie die Größe ggf. Ihrem gewählten Motiv an). Je nachdem, wie elastisch die Spitze ist, die Sie auswählen, müssen Sie sie länger oder kürzer zuschneiden.

Spitze: 2 Stücke à 22* cm (*Handumfang an der breitesten Stelle minus 2 cm)
Karo-Stoff: 2 Quadrate à 15 x 15 cm
Motivstoff: 2 Quadrate à 10 x 10 cm

So wird's gemacht

Auf die Papierseite des Vliesofix die Herzform übertragen, großzügig ausschneiden und auf die linke Stoffseite bügeln (dabei auf einen schönen Motivausschnitt achten), Papier abziehen und auf den karierten Stoff aufbügeln, die Schnittkanten mit einem engen Zickzackstich versäubern. Erneut Vliesofix auf die linke Stoffseite (vom karierten Stoff) bügeln, den karierten Stoff mit 1 cm Abstand zum applizierten Herz ausschneiden, das Papier abziehen und an der gewünschten Stelle vorsichtig auf die Spitze bügeln. Die Schnittkanten wie zuvor mit einem engen Zickzackstich versäubern. Nun die Armstulpen, wie im Workshop beschrieben, nähen.

TIPP: Vliesofix ist eine doppelseitig aufbügelbare Vlieseinlage, die auf einer Seite ein Trägerpapier hat. Solange die Applikation nicht aufgebügelt ist, kann die Position noch verändert werden.

Zuckerpupperl

Armband • Haarreif mit Schleife • Strumpfband • Halsband

Armband

Material:
- 25 cm weiße, mittig gekräuselte Spitzen-Rüsche, 4,5 cm breit
- 25 cm rot-blaue Blumenborte, 1,5 cm breit
- 1 silberfarbener Knebelverschluss, ca. 2 cm breit

Zuschneiden
Rüsche: 18* cm
(*Handgelenksumfang plus 2 cm)
Borte: 18* cm

So wird's gemacht
Die schmalen Enden der Rüsche jeweils um 1,5 cm nach links klappen und mit Zickzackstich feststeppen. Die Enden der Borte auch um 1,5 cm nach links klappen und von Hand mittig auf den eingenähten Gummifaden der Rüsche nähen. Den Knebelverschluss an die Bandenden nähen.

Haarreif mit Schleife

Material:
- 10 x 45 cm weißer Spitzenstoff
- 1 weiße Satinblüten-Schleife
- 1 Haarreif

Zuchneiden
Spitzenstoff: 7 x 40 cm

So wird's gemacht
Den Haarreif, wie im Workshop beschrieben, nähen. Zum Schluss die fertig erhaltliche Satinblüten-Schleife am Reif annähen.

TIPP: Da der Spitzenstoff flexibel und weich ist, muss er nicht im schrägen Fadenlauf zugeschnitten werden. Er schmiegt sich schön an den Reif an.

Strumpfband

Material:
- 70 cm weiße, mittig gekräuselte Spitzen-Rüsche, 4,5 cm breit
- 70 cm rot-blaue Motivborte, 1,5 cm breit

Zuschneiden
Maße inkl. 1,5 cm Nahtzugabe.
Rüsche: 53* cm (*Schenkelumfang plus 3 cm)
Borte: 53* cm

So wird's gemacht
Die Enden der Borte jeweils um 1,5 cm nach links klappen und von Hand mittig auf den eingenähten Gummifaden der Rüsche nähen, dabei am Anfang und Ende der Rüsche jeweils 1,5 cm frei lassen. Die schmalen Enden der Rüsche rechts auf rechts zusammenlegen und zusammennähen. Die Nahtzugaben auseinanderfalten und mit Zickzackstich festnähen.

TIPP: Bei der Rüsche handelt es sich um eine fertige Spitzenrüsche mit einem mittig eingenähten Gummifaden. Die Außenkanten müssen nicht mehr versäubert werden. Es gibt viele fertige Rüschen in verschiedenen Breiten. Bei den einseitig gekräuselten Rüschen ist der Gummifaden entlang einer Kante eingenäht.

Halsband

Material:
- 40 cm weißes, mittig gekräuseltes Rüschenband mit Satinborte, 4,5 cm breit
- 60 cm weißes Satinband, 3 mm
- 3 weiße Satinröschen

Zuschneiden
Rüsche: 35* cm (*Halsumfang plus 2 cm)
Satinband: 2 Stücke à 30 cm

So wird's gemacht
Beide Rüschenenden mit Zickzackstich versäubern, um eine 1,5 cm nach innen klappen, dabei an jedem Ende je ein Stück Satinband mit unterschieben, und feststeppen. Die Satinröschen von Hand annähen.

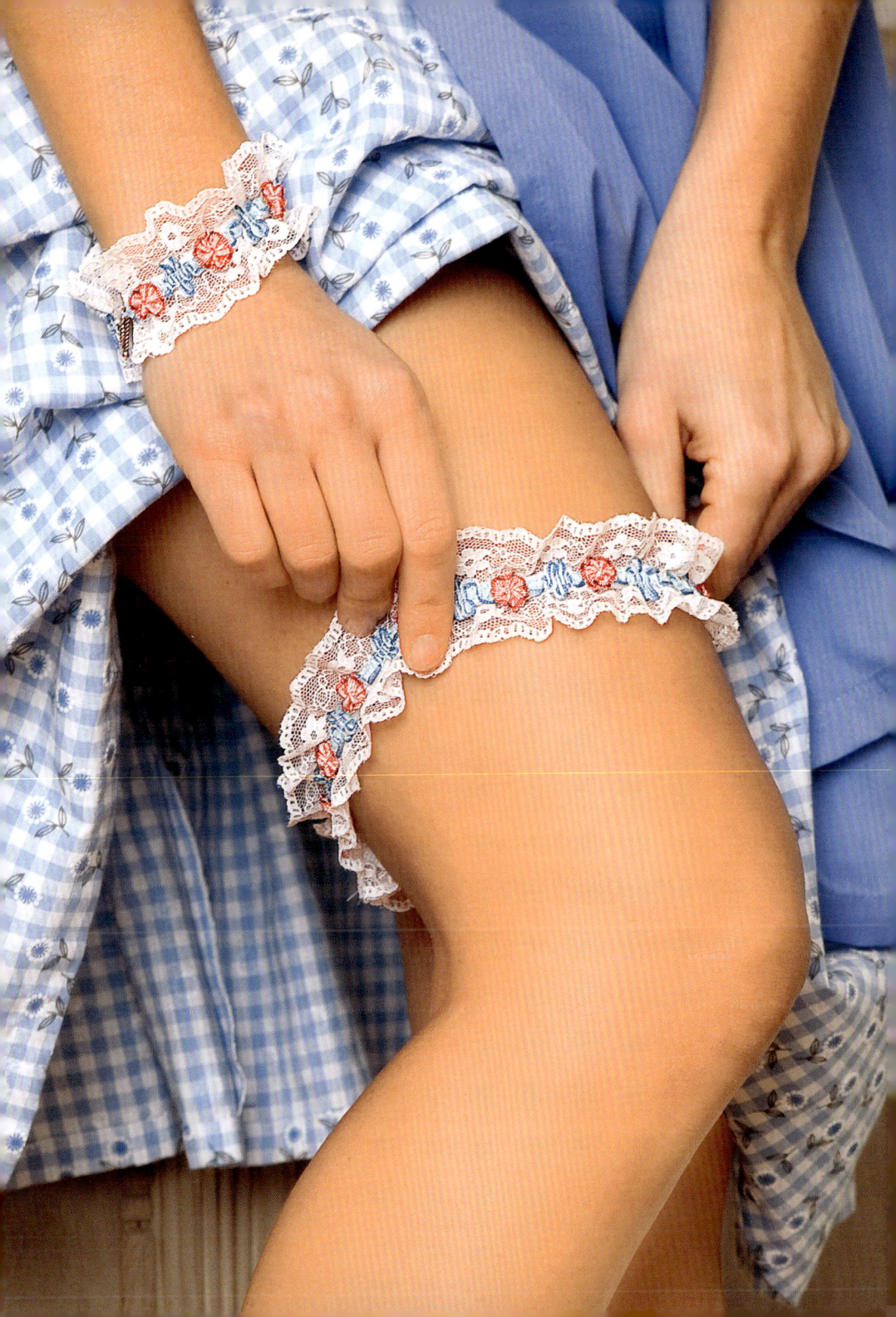

Mei Herzilein

Halsband • Geldarmband • Wickelarmband

Halsband

Material:
- 15 x 40 cm blauer Baumwoll-Vichy-Karo
- 40 cm Borte 1,5 cm breit
- 1 kleine rote Schleife oder 15 cm rotes Satinband, 3 mm breit
- 1 Dekor-Holzbrezel, ca. 3 cm lang
- 1 Biegering, ø 8 mm
- 1 altsilberfarbener Knebelverschluss, ca. 2 cm breit

Zuschneiden
Maße inkl. 1 cm Nahtzugabe. Beachten Sie beim Zuschnitt der Breite die Größe der Karos. Die Karos sollten ober- und unterhalb der Borte symmetrisch ausgerichtet werden können. Auch die benötigte Länge der Borte richtet sich nach den Motiven, wenn ein bestimmtes Motiv (hier das Lebkuchenherz) in der Mitte liegen soll.
Stoff: 9 x 33* cm (*Halsumfang)
Borte: 33* cm

So wird's gemacht
Das Halsband, wie im Workshop beschrieben, nähen. Die Borte mittig entlang der Längskanten knappkantig aufsteppen. Ein fertiges Schleifchen (bzw. ein Schleifchen aus Satinband binden) an die vordere Mitte des Halsbandes unter das Mittelmotiv der Borte annähen. Darunter mit einer dicken Sticknadel ein kleines Loch in den Stoff bohren und den aufgebogenen Biegering mit Holzbrezel durchstechen und wieder zubiegen. Den Knebelverschluss an die Bandenden nähen.

TIPP: Je exakter die Überlegung und Planung der Mustereinteilung ist, umso schöner ist das Ergebnis!

Geldarmband

Material:
- 20 x 60 cm blauer Baumwoll-Vichy-Karo
- 1 blauer Reißverschluss, 10 cm lang
- 50 cm Borte „Herzilein", 1,5 cm breit
- 4 cm weißes Klettband zum Aufnähen

Zuschneiden
Maße inkl. 1 cm Nahtzugabe. Das Schnittmuster (Variante b) finden Sie auf Seite B.
Stoff: 2 Rechtecke à 15 x 22* cm (*Handgelenksumfang plus 5 cm); 1 Rechteck à 5 x 15 cm (zum Verstürzen des Reißverschlusses)
Borte: 22 cm (Oberseite), 7 cm (Reißverschluss)

So wird's gemacht
Das kleine Rechteck (zum Verstürzen) rechts auf rechts mittig auf ein großes Rechteck legen und mittig ein Rechteck von 1 x 11 cm abstep-

pen. Den Stoff innerhalb des gesteppten Rechtecks mittig und zu den Ecken spitz bis kurz vor die Naht einschneiden. Stoffteile verstürzen und Kanten bügeln. Dies ergibt den Schlitz für den Reißverschluss.

Den Reißverschluss darunterlegen, feststecken und ringsum knappkantig feststeppen. Die Borte über die gesamte Länge des Armbandes dicht neben dem Reißverschluss aufsteppen. Den Reißverschluss öffnen. Das Teil auf das zweite Rechteck (für die Unterseite) bündig rechts auf rechts aufeinanderstecken, das

Schnittmuster darauf ausrichten und zuschneiden. Messen Sie jedoch zuvor den Handgelenksumfang und verlängern Sie den Schnitt ggf. gleichmäßig an den Enden. Die geschwungenen Längsnähte schließen, die Nahtzugaben einige Male bis kurz vor die Naht einschneiden. Das Teil durch den Reißverschluss wenden, Kanten bügeln und knappkantig absteppen.

Die Armbandenden mit Zickzackstich versäubern, um 1 cm nach hinten umklappen und jeweils eine Hälfte des Klettbandes quer aufnähen. Dabei auf dem Ende, das den unteren Teil ergibt, die raue Hälfte, auf das überlappende Ende die weiche Hälfte aufsteppen.

Ca. 7 cm der Borte durch den Reißverschlussring ziehen, Enden nach innen falten, zu einer Schlaufe legen und ringsum absteppen.

TIPP: Bei diesem Armband ist es einfacher, wenn man den Reißverschluss am „grob" zugeschnittenen Stoff erledigt und anschließend die genaue Form mit Hilfe des Schnittmusters zuschneidet. Beachten Sie, dass Sie etwas mehr Borte benötigen, um einen schönen Motivausschnitt auszuwählen.

Wickelarmband

Material:
- 10 x 80 cm blauer, weiß gepunkteter Baumwollstoff
- 45 cm Borte „Herzilein", 1,5 cm breit
- 1 roter Trachten-Herzknopf, ø 23 mm
- 1 Dekor-Holzbrezel, ca. 3 cm lang
- 1 Spaltring, ø 15 mm
- 1 altsilberfarbener Knebelverschluss, ca. 2 cm breit

Zuschneiden
Maße inkl. 1 cm Nahtzugabe.
Stoff: 6 x 70* cm
(*Handgelenksumfang mal 3,5)
Borte: 35 cm

So wird's gemacht
Das Wickelarmband wie das Armband, wie im Workshop beschrieben, nähen. Die Enden der Borte jew. um 1 cm nach innen klappen und an einem Ende des Armbandes entlang der Längskanten knappkantig aufsteppen. Zwischen Band- und Bortenende den Herzknopf annähen. Den Spaltring durch den Knebelverschluss und Holzbrezel ziehen.

TIPP: Ein Wickelarmband wird genauso hergestellt wie ein Armband. Der Stoffstreifen wird lediglich in der ca. zwei- bis dreieinhalbfachen Länge des Handgelenksumfangs zugeschnitten.

Trausd di?

Halsgeschmeide · Pompadour-Beutel · Armstulpe

Halsgeschmeide

Material:
- 30 x 100 cm schwarzer, bestickter Organza
- 35 x 100 cm roter Organza
- 45 cm rot-schwarze Kunstseiden-Borte, 4,5 cm
- 1 flacher schwarzer Trachtenknopf, ø 25 mm
- 10 cm schwarzes Satinband, 3 mm breit

Zuschneiden
Schwarzer Organza: 21 x 76* cm
(*Halsumfang mal 2 plus 10)
Roter Organza: 25 x 81** cm
(**5 cm länger als *)
Borte: 36*** cm (***Halsumfang plus 3 cm)

So wird's gemacht
Den schwarzen Organza links auf links mittig auf den roten Organza legen, sodass der rote Organza ringsum 2,5 cm übersteht, mit Stecknadeln fixieren. Die Nahtzugabe des roten Organza 2-mal 1,25 cm nach vorne klappen, sodass die Nahtzugabe auf dem schwarzen Organza liegt und diesen einfasst. Entlang der inneren Bruchkante knappkantig absteppen. Im Abstand von 6, 8 und 10 cm von einer Längskante entfernt mit einem etwa doppelt so lang eingestellten Geradstich durch den Organza steppen. Die Fäden am Anfang und Ende der Naht etwas länger lassen und nicht vernähen. Jeweils 3 Unterfäden an einem Ende und 3 Oberfäden am anderen Ende verknoten, die nicht verknoten Ober- bzw. Unterfäden greifen und das Teil auf die gewünschte Halsweite einkräuseln. Die Ober- und Unterfäden an jeder Seite miteinander verknoten. Die Kräusel gleichmäßig über die Länge verteilen. Borte darauf feststecken, Anfang und Ende der Borte zuvor um 1 cm nach links umklappen, dabei auch die verknoteten Kräuselfäden unter die Borte schieben. An einem Ende zusätzlich ein zur Schlaufe gelegtes Satinbändchen zwischenfassen. Prüfen Sie, ob der Knopf hindurchpasst. Borte entlang der Längskanten rundum knappkantig aufsteppen. Den Knopf an das Ende ohne Schlaufe annähen.

Pompadour-Beutel

Material:
- 25 x 55 cm schwarzer Samt
- 45 cm rot-schwarze Kunstseiden-Borte, 4,5 cm
- 100 cm schwarze Kordel oder 2 schwarze Schnürsenkel á 45 cm (Träger)
- 1 schwarzer Schnürsenkel, mind. 55 cm lang (Zugschnur für den Tunnel)
- 1 Kordelstopper (Farbe beliebig)

Zuschneiden

Maße inkl. 1 cm Nahtzugabe. Die Schnittvorlage für den Boden finden Sie auf Seite C.
Samt: Kreis ø 12 cm bzw. Schnittvorlage (Boden); 20 x 37 cm (Beutel)
Borte: 37 cm
Kordel: 2 Stücke à 45 cm (Träger)

So wird's gemacht

Den Pompadour-Beutel, wie im Workshop beschrieben, nähen. Zu Beginn jedoch die Borte mit 1,5 cm Abstand vom unteren Taschenrand entlang beider Längskanten knappkantig aufsteppen.

TIPP: Schnürsenkel sind sehr praktisch, da die Enden mit Kunststoff verschweißt sind und nicht ausfransen können.

TIPP: Ganz wichtig vor dem Verarbeiten aller Materialien ist, dass Sie ausprobieren, wie heiß die Stoffe gebügelt werden dürfen, ob man sie waschen kann und ob sie evtl. einlaufen. Es wäre doch schade, wenn sich das erst am fertigen Stück herausstellen würde. Denn schnell landet auch mal Make-up auf dem Halsband.

Armstulpe

Material:
- 60 cm schwarze, elastische Spitze, 15 cm breit
- 10 x 90 cm schwarzer, bestickter Organza
- 10 x 90 cm roter Organza
- 15 x 25 cm schwarzer Tüll

Zuschneiden

Maße inkl. 1 cm Nahtzugabe. Die Breite der Spitze ergibt die Länge der Armstulpe. Messen Sie den größten Umfang am Handspann. Beim Zuschneiden darauf achten, dass der Musterrapport auf beiden Stulpen identisch ist.

Spitze: 2 Stücke à 22* cm (*Handumfang minus 2 cm)

Schwarzer Organza: 2 Streifen à 6 x 40 cm (Rose)

Roter Organza: 2 Streifen à 6 x 40 cm (Rose)

Tüll: 2 Quadrate à 10 x 10 cm (Rose)

So wird's gemacht

Für 1 Armstulpe 1 Rechteck rechts auf rechts der Länge nach zur Hälfte falten (auf 11 x 20 cm) und die lange Kante zusammennähen. Nahtzugaben zusammenfassen und mit Zickzackstich versäubern. Stulpe wenden. Die andere Stulpe genauso nähen. Zwei Rosen, wie im Workshop beschrieben, nähen. Dabei die Stoffstreifen der Länge nach so zusammenfalten, dass der rote Organza innen und der schwarze bestickte außen liegt. Auf jede Armstulpe eine Rose inkl. Tüllquadrat lt. Foto aufnähen.

TIPP: Der Verbrauch der Spitze richtet sich immer nach ihrer Elastizität, Breite und Muster: Je weniger elastisch sie ist, umso breiter muss die Stulpe zugeschnitten werden. Die Passform kann man am besten mit Hilfe einer zweiten Person ermitteln, die die Spitze mit der linken Seite nach außen direkt entlang an Arm und Hand die Nahtlinie mit Stecknadeln zusammensteckt (dabei die Spitze mit der Hand leicht dehnen).

Wuid's Madel

Herzanhänger • Dirndltasche • Armstulpen

Herzanhänger

Material:
- 15 x 25 cm rot gemusterter Baumwollstoff
- 6 cm schwarze Organza-Perlen-Borte, 2 cm breit
- 1 schwarze Gazekette
- 1 Biegering, ø 8 mm
- Synthetische Füllwatte

Zuschneiden
Die Herzschablone finden Sie auf Seite B.
Stoff: 2 Quadrate à 10 x 10 cm

So wird's gemacht
Das Herz, wie im Workshop beschrieben, nähen. Zum Schluss die Perlenborte lt. Foto

von Hand auf das Herz aufnähen. Die Gaze-kette durch den Biegering fädeln.

Dirndltasche

Material:
- 50 x 100 rot gemusterter Baumwollstoff
- 45 cm schwarze Organza-Perlen-Borte, 2 cm breit
- 3 cm schwarzes Klettband zum Aufnähen

Zuschneiden
Maße inkl. 1 cm Nahtzugabe. Die Schnittvor-lage für die Dirndltasche finden Sie auf Seite C.
Stoff: 3 Ovale nach Schnittvorlage; 2 Streifen à 6 x 63,5 cm (Träger); insg. 4 x 90 cm (im schrä-gen Fadenlauf, Einfassung)
Schneiden Sie zunächst die langen Streifen zu, anschließend die 3 Ovale und zum Schluss die Schrägstreifen. Für den Träger die beiden Strei-fen an den Schmalkanten zu einer Gesamt-länge von 125 cm zusammensetzen, den Schrägstreifen für die Einfassung aus ca. 3 Stü-cken zusammensetzen.

So wird's gemacht
Die Dirndltasche, wie im Workshop beschrie-ben, nähen, jedoch nicht mit Gürtelschlaufen, sondern mit einem langen Träger (Variante). Zum Schluss die Perlenborte von Hand auf den Rand der vorderen Taschenklappe aufnähen.

Armstulpen

Material:
• 60 cm (unelastische) rote Spitze,
  20 cm breit

Zuschneiden

Maße inkl. 1 cm Nahtzugabe. Die Breite der Spitze ergibt die Länge der Armstulpe. Messen Sie den erforderlichen Umfang in Höhe des Daumens. Beim Zuschnitt darauf achten, dass der Musterrapport auf beiden Stulpen identisch ist.

Spitze: 2 Stücke à 26* cm (*Handumfang an der breitesten Stelle plus 2 cm)

So wird's gemacht

Die Armstulpe, wie im Workshop beschrieben, nähen, jedoch wie die Variante mit unelastischer Spitze.

TIPP: Bei Spitze, die nicht elastisch ist, sollte die Passform sehr exakt ermittelt werden. Evtl. die Spitze erst etwas größer zuschneiden und mit ein paar Heftstichen von Hand zusammennähen. Probieren Sie, ob Sie gut hinein- und wieder herausschlüpfen können, bevor Sie mit der Nähmaschine nähen. Das gilt auch für das Daumenloch.

Mogst o'bandl?

Halsband · Armband · Haarspange

Halsband

Material:

- 15 x 40 cm rot-grün groß karierter Baumwollstoff
- 1 brauner herzförmiger Trachtenknopf, ø 36 mm
- 1 messingfarbener Knebelverschluss, ca. 2 cm breit

Zuschneiden
Maße inkl. 1 cm Nahtzugabe.
Stoff: 10 x 33* cm (*Halsumfang)

So wird's gemacht
Das Halsband, wie im Workshop beschrieben, nähen. Den Knopf auf der vorderen Mitte des Halsbandes annähen. Den Knebelverschluss an die Bandenden nähen.

TIPP: Richten Sie sich beim Zuschnitt von groß karierten Stoffen nach den Karos. Schneiden Sie die Breite so zu, dass die Karos und ein evtl. aufgesticktes Muster mittig liegen.

Armband

Material:
- 15 x 25 cm rot-grün groß karierter Baum-wollwebstoff
- 20 cm rote Klöppelspitze, 20 mm breit
- 1 brauner Trachtenknopf, ø 20 mm
- 1 messingfarbener Knebelverschluss, ca. 2 cm breit

Zuschneiden
Maße inkl. 1 cm Nahtzugabe.
Stoff: 10 x 17* cm (*Handgelenksumfang)
Spitze: 15 cm

So wird's gemacht
Das Armband und die Rosette, wie im Work-shop beschrieben, nähen. Die Rosette auf die vordere Mitte des Armbandes zusammen mit einem Knopf aufnähen. Den Knebelverschluss an die Bandenden nähen.

Haarspange

Material:
- 20 x 20 cm rot-grün karierter Baumwoll-stoff
- 1 Zierknopf „Kuh" (ca. 8 x 6 cm) mit 2,5 cm langen Schlitzen
- 1 Haarspange ohne Dekor, 8 cm lang

Zuschneiden
Maße inkl. 1 cm Nahtzugabe. Richten Sie sich beim Zuschnitt auch etwas nach den Karos, damit diese symmetrisch aussehen.
Stoff: 15 x 15 cm

So wird's gemacht
Stoff rechts auf rechts zur Hälfte falten, die 3 offenen Seiten zusammennähen, jedoch an einer langen Seite 3 cm der Naht geöffnet las-sen. Kanten bis kurz vor die Naht schräg ab-schneiden, Teil wenden, Nähte gut herausar-beiten und bügeln. Wendeöffnung von Hand schließen. Den Stoff durch die beiden Schlitze des Kuh-Zierknopfes ziehen. Das fertige Dekor, wie im Workshop beschrieben, auf einer Spange festnähen. Den Stoff jedoch nicht um die Spangenenden klappen, sondern nur von der Rückseite festnähen, dabei nicht bis zur Vorderseite durchstechen.

TIPP: Alle möglichen Knöpfe mit langen Schlit-zen oder Gürtelschließen eignen sich für diese ungewöhnliche Haarspange.

Blumenmadl

Halsband · Geldarmband · Dirndltasche · Haarreif mit Schleife

Halsband

Material:
- 15 x 40 cm rosa-blau geblümter Baumwollstoff
- 1 rosa Schmetterlings-Zieranhänger
- 1 silberfarbenes Kettchen, ca. 6 cm lang
- 1 silberfarbener Knebelverschluss, ca. 2 cm breit

Zuschneiden
Maße inkl. 1 cm Nahtzugabe.
Geblümter Stoff: 10 x 33* cm (*Halsumfang)

So wird's gemacht
Das Halsband, wie im Workshop beschrieben, nähen. Anschließend das Kettchen durch das Loch an der oberen Mitte des Schmetterlings ziehen und von Hand lt. Foto an der vorderen Mitte des Halsbandes annähen. Den Knebelverschluss an die Bandenden nähen.

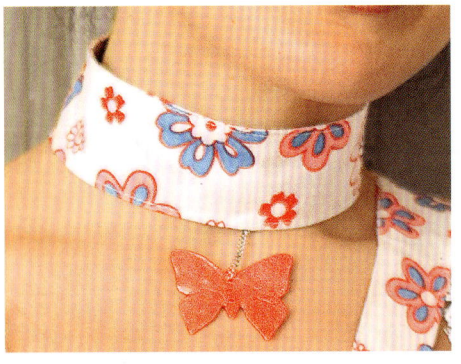

Geldarmband

Material:
- 15 x 55 cm rosa-blau geblümter Baumwollstoff
- 15 x 30 cm rosa gemusterter Baumwollstoff
- 1 Reißverschluss, 8 cm lang
- 3 cm weißes Klettband zum Aufnähen

Zuschneiden
Maße inkl. 1 cm und 1,5 cm Nahtzugabe. Das Schnittmuster (Variante a) finden Sie auf Seite B.
Geblümter Stoff: 2 Rechtecke à 10 x 25* cm (*Handgelenksumfang plus 8 cm)
Rosa Stoff: 10 x 25* cm

So wird's gemacht
Je 1 Rechteck des rosa und geblümten Stoffes an einer Längskante mit Zickzackstich versäubern, rechts auf rechts legen, dabei liegen die versäuberten Kanten bündig übereinander. An der versäuberten Kante mit 1,5 cm Nahtzugabe zusammennähen, in der Mitte jedoch 9 cm der Naht offen lassen, Nahtanfang und -ende jeweils verriegeln. Die Nahtzugaben auseinanderbügeln, den Reißverschluss mittig unter die Öffnung legen und feststecken. An beiden Seiten der Naht im Abstand von 1 cm von Anfang bis Ende durchsteppen, dadurch werden die Nahtzugaben und auch der Reiß-

verschluss festgesteppt. Die Oberseite rechts auf rechts auf das zweite Rechteck aus dem geblümten Stoff (Unterseite) legen und feststecken. Das Schnittmuster auflegen, mittig am Reißverschluss ausrichten und entlang des Schnittmusters exakt zuschneiden, es enthält bereits 1 cm Nahtzugabe. Den Reißverschluss öffnen. Beide geschwungenen Längsnähte schließen (nicht jedoch die Enden), die Nahtzugaben einige Male bis kurz vor die Naht einschneiden. Das Teil durch den Reißverschluss wenden, Nähte gut herausarbeiten, bügeln und knappkantig absteppen. Die Armbandenden mit Zickzackstich versäubern, 1 cm zur Unterseite umklappen und die Klettbandhälften aufnähen (siehe Schnittmuster). Dabei auf dem Ende, das den unteren Teil ergibt, die raue Hälfte, auf das überlappende Ende die weiche Hälfte aufsteppen.

TIPP: Nähen Sie die weiche Hälfte des Klettbandes immer auf das Ende, das oben liegt, so kann es auf der Haut nicht scheuern.

Dirndltasche

Material:
- 50 x 65 cm rosa-blau geblümter Baumwollstoff
- 30 x 40 cm türkis gemusterter Baumwollstoff
- 3 cm weißes Klettband zum Aufnähen

Zuschneiden
Maße inkl. 1 cm Nahtzugabe. Die Schnittvorlage für die Dirndltasche finden Sie auf Seite C.
Geblümter Stoff: 3 Ovale nach Schnittvorlage; 2 Streifen à 6 x 63,55 cm (Träger)
Türkis gemusterter Stoff: 4 x 90 cm (im schrägen Fadenlauf, Einfassung)
Den Schrägstreifen für die Einfassung aus ca. 3 Stücken zusammensetzen.

So wird's gemacht
Die Dirndltasche, wie im Workshop beschrieben, nähen, jedoch nicht mit Gürtelschlaufen, sondern mit einem langen Träger (Variante).

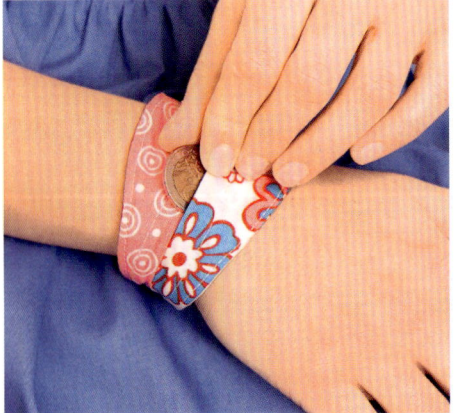

Haarreif mit Schleife

Material:
- 40 x 40 cm türkis gemusterter Baumwollstoff
- 23 x 8 cm rosa-blau geblümter Baumwollstoff
- 1 türkisfarbenes Blumenzierteil

Zuschneiden
Maße inkl. 1 cm Nahtzugabe.
Türkis gemusterter Stoff: 7 x 40 cm (im schrägen Fadenlauf)
Geblümter Stoff: 23 x 8 cm

So wird's gemacht
Den Haarreif, wie im Workshop beschrieben, aus dem türkis gemusterten Stoff nähen. Für die Schleife den geblümten Stoff rechts auf rechts quer zur Hälfte legen, sodass er eine Größe von 11,5 x 8 cm hat. Ringsum bis auf eine kleine Wendeöffnung zusammennähen. Die Nahtzugaben an den Ecken bis kurz vor die Naht schräg abschneiden. Teil wenden, Nähte und Ecken gut herausarbeiten, Kanten bügeln. In der Mitte einen doppelten Faden einreihen und etwas raffen, das Zierteil aufnähen. Zum Schluss die Schleife am Reif annähen.

TIPP: Der Stoff, der den Haarreif verkleidet, sollte im schrägen Fadenlauf (also 45° zur Webkante) zugeschnitten werden, damit er sich gut an die geschwungene Form anschmiegt.

TIPP: Haarreifen können mit den verschiedensten Zierteilen verschönert werden, z. B. edle Einzelteile aus Perlmutt oder Metall aus der Knopfkiste, selbst gedrehte Röschen aus Spitzenresten oder Tüll, Schleifen aus Bortenresten, kleine Stickereien mit schönem Garn oder Perlen, witzige Dinge, wie alte, „kitschige" Broschen oder Spielzeugteile, die nun in ein neues Licht gerückt werden. Der Fantasie sind keine Grenzen gesetzt. Haben Sie Mut, Ungewöhnliches auszuprobieren.

Alpenbarock

Halsband • Pompadour-Beutel

Halsband

Material:
- 15 x 40 cm brauner Samt
- 40 cm Perlen-Borte, insg. 4,5 cm hoch
- 1 messingfarbener Knebelverschluss, ca. 2 cm breit

Zuschneiden
Maße inkl. 1 cm Nahtzugabe.
Stoff: 12 x 33* cm (*Halsumfang)
Borte: 33* cm

So wird's gemacht
Den Samt der Länge nach rechts auf rechts zu-sammenfalten (auf 6 x 33* cm), ringsum bis auf eine 3 cm Wendeöffnung zusammennähen, die Ecken bis kurz vor die Nahtzugabe schräg abschneiden. Halsband wenden, die Öffnung von Hand schließen. Die Perlenborte mittig von Hand auf das Band aufnähen, den Knebel-verschluss an die Bandenden nähen.

TIPP: Bei Perlenborten darauf achten, dass der Faden, mit dem die Perlen aufgefädelt und -genäht sind, nicht zu kurz abgeschnitten wird, damit keine Perlen verloren gehen. Die Fäden auf der Rückseite verknoten oder vernähen.

Pompadour-Beutel

Material:
- 25 x 55 cm brauner Samt (Beutel)
- 45 cm Perlen-Borte, insg. 4,5 cm hoch
- 100 cm braune Kordel oder 2 braune Schnürsenkel á 45 cm (Träger)
- 1 brauner Schnürsenkel, mind. 55 cm lang (Zugschnur für den Tunnel)
- 1 Kordelstopper (Farbe beliebig)

Zuschneiden
Maße inkl. 1 cm Nahtzugabe. Die Schnittvor-lage für den Boden finden Sie auf Seite C.
Samt: Kreis ø 12 cm bzw. Schnittvorlage (Boden); 20 x 37 cm (Beutel)
Borte: 37 cm
Kordel: 2 Stücke à 45 cm (Träger)

So wird's gemacht
Den Pompadour-Beutel, wie im Workshop be-schrieben, nähen. Die Borte zum Schluss rings um den Beutel von Hand aufnähen, dabei dar-auf achten, dass die Perlen nicht über den Boden hinausragen.

Zum O'beissn

Halsband • Armband • Dirndltasche

Halsband

Material:
• 15 x 40 cm roter Baumwoll-Vichy-Karo
• 25 cm weiße Baumwollspitze, 3 cm breit
• 1 altsilberfarbener Trachtenknopf,
  ø 25 mm
• 1 altsilberfarbener Knebelverschluss,
  ca. 2 cm breit

Zuschneiden
Maße inkl. 1 cm Nahtzugabe.
Stoff: 9 x 33* cm (*Halsumfang)
Spitze: 20 cm

So wird's gemacht
Das Halsband und die Rosette, wie im Work-shop beschrieben, nähen. Die Rosette auf die vordere Mitte des Halsbandes zusammen mit einem Knopf aufnähen. Den Knebelverschluss an die Bandenden nähen.

TIPP: Um eine schöne Rosette zu formen, sollte die Spitze immer ca. 6-mal so lang wie breit sein. Wenn z. B. die Spitze 3 cm breit ist, sollte die Länge also mindestens 18 cm lang sein plus je 2-mal 1 cm Nahtzugabe, also insgesamt 20 cm.

Armband

Material:
• 8 x 25 cm roter Baumwoll-Vichy-Karo
• 25 cm weiße Klöppelspitze, 3 cm breit
• 1 Zierknopf, ø 18 mm
• 1 altsilberfarbener Knebelverschluss,
  ca. 2 cm breit

Zuschneiden
Maße inkl. 1 cm Nahtzugabe.
Stoff: 4 x 17* cm (*Handgelenksumfang)
Spitze: 20** cm (**Handgelenksumfang plus 3 cm)

So wird's gemacht
Die Enden der Spitze jew. 1,5 cm nach links fal-ten und mit engem Zickzackstich feststeppen. Das Armband, wie im Workshop beschrieben, nähen. Dabei jedoch die Spitze an der Längs-kante zwischenfassen und mit Stecknadeln fixieren, anschließend das Armband auf der rechten Seite rundum knappkantig absteppen. Den Zierknopf auf der vorderen Mitte des Ban-des aufnähen. Den Knebelverschluss an die Bandenden nähen.

Dirndltasche

Material:
- 25 x 65 cm rot-ecru karierter Baumwoll-webstoff mit Motiven (Doubleface)

Zuschneiden

Maße inkl. 7 mm und 1 cm Nahtzugabe. Richten Sie den Zuschnitt an der Größe der Karos aus, um ein symmetrisches Ergebnis zu erzielen.

Stoff: 18 x 52 cm (oder 5 x 15 Karos) (Tasche); 2 Quadrate à 7 x 7 cm (Gürtelschlaufen)

So wird's gemacht

Für die innere obere Taschenkante eine der 18 cm langen Kanten 2-mal 1 cm nach innen klappen, feststecken und absteppen. Anschließend um ein Drittel der Gesamtlänge zunächst einmal links auf links umklappen, um die Position der Gürtelschlaufen zu ermitteln, die auf der Rückseite an der Oberkante des unteren Drittels festgenäht werden. Wieder aufklappen. Die Gürtelschlaufen aus den beiden Quadraten vorbereiten und annähen, wie im Workshop beschrieben. Das untere Drittel erneut links auf links hochklappen. Die Seitennähte mit schmaler Nahtzugabe (0,7 cm) schließen, Taschenteil wenden, Seitennähte nochmals, nun jedoch mit breiter Nahtzugabe (1 cm) absteppen. Taschenteil erneut wenden, nun sind die Nähte sauber verarbeitet. Am Beginn der Taschenklappe die Nahtzugabe um 7 mm einschneiden, 2-mal nach innen klappen, feststecken und von der rechten Seite knappkantig absteppen.

TIPP: Doubleface bezeichnet Stoffe bzw. Doppelgewebe, die praktisch keine linke Seite haben, da die gewebten Motive auf beiden Seiten wie Positiv/Negativ wirken. Sie können daher beidseitig genutzt werden.

Vamp auf der Wiesn

Haarspange · Dirndltasche · Halsband

Haarspange

Material:
- 1 fertige Schleife inkl. Totenkopf
  (als Brosche)
- 1 Haarspange ohne Dekor, 8 cm lang

Alternativ (anstatt der fertigen Schleife)
- 70 cm Rips-/Satinband, 4 cm breit
- 1 Totenkopfbrosche

Zuschneiden
Falls Sie die Schleife selber herstellen wollen, schneiden Sie das Satinband wie folgt zu:
Satinband: 25 cm (Schleife); 7 cm (Knoten); 25 cm (Bandenden)

So wird's gemacht
Die Haarspange ist aus einer fertigen Brosche entstanden. Die Broschennadel abtrennen und die Schleife mit Brosche von der Rückseite auf Haarspange (ohne Dekor) nähen, dabei darauf achten, dass die Stiche auf der Vorderseite nicht zu sehen sind.

TIPP: Man kann die Schleife natürlich auch selber herstellen (siehe Workshop) und eine beliebige Brosche aufnähen. Dann wie beschrieben an der Haarspange befestigen. Wenn Sie breiteres oder schmaleres Satinband verwenden, müssen Sie die Längen der Zuschnitte ggf. anpassen.

Dirndltasche

Material:
- 50 x 100 schwarzer, gemusterter Baumwollstoff
- 1 kleiner Totenkopf-Anhänger an Kette und Karabiner
- 1 schwarzes Satinröschen
- 1 silberfarbener Spaltring, ø 8 mm

Zuschneiden

Maße inkl. 1 cm Nahtzugabe. Die Schnittvorlage für die Dirndltasche finden Sie auf Seite C.
Stoff: 3 Ovale nach Schnittvorlage; 2 Quadrate à 7 x 7 cm (Gürtelschlaufen); insg. 4 x 90 cm (im schrägen Fadenlauf, Einfassung)
Den Schrägstreifen für die Einfassung aus ca. 3 Stücken zusammensetzen.

So wird's gemacht

Die Dirndltasche, wie im Workshop beschrieben, nähen. Zum Schluss die „Skullkette" mit dem Totenkopf-Anhänger mittig auf die vordere Taschenklappe nähen, den Spaltring mit dem Satinröschen rechts oberhalb davon annähen. Den Karabiner in den Spaltring einhängen.

Halsband

Material:
- 50 cm mittig gekräuselte schwarze Organza-Rüsche, 10 cm breit
- 10 x 45 cm schwarz gemusterter Baumwollstoff
- 1 silberfarbene Totenkopf-Brosche
- 1 schwarzer Trachtenknopf, ø 15 mm
- 10 cm schwarzes Satinband, 3 mm breit

Zuschneiden

Rüsche: 35* cm (*Halsumfang plus 2 cm)
Stoff: 5 x 35* cm

So wird's gemacht

Die Längskanten des Stoffes jew. um 1 cm nach links klappen und die Bruchkanten einbügeln. Mittig auf die Rüsche stecken und entlang beider Längskanten knappkantig aufsteppen. Die Enden mit Zickzackstich versäubern, um 1 cm nach links klappen und festnähen. Das Satinband zur Schlaufe zusammenlegen und mittig an ein Ende des Halsbandes so weit untersteppen, dass der Knopf gerade noch hindurchpasst. Am anderen Halsbandende den Knopf annähen. Auf der vorderen Mitte die Brosche anbringen.

Material

Biegering: ein einfacher Ring mit Öffnung, den man auf- und zubiegen kann (wird z. B. bei den Herzanhängern verwendet).

Borte: fertig gewebtes Band mit festen Längskanten, das nur an den Enden eingesäumt werden muss. Borten dürfen meist nicht so heiß gebügelt werden, hilfreich ist auch ein Bügeltuch.

Broschen: Als Broschen eignen sich auch Dirndlschürzenschließen, Knöpfe, Borten-Stoff- oder Spitzenreste, die zu einer Brosche zusammengefügt werden.

Gazekette: fertige Kette, bestehend aus Gazeband, Baumwollwachskordeln und Karabinerverschluss. Aus Bändern, Kordeln und einem Schmuckverschluss kann man sich auch Ketten nach eigenen Vorstellungen herstellen.

Knebelverschluss: besteht aus 2 Teilen, einem meist ringförmigen und einem stiftförmigen Teil mit einer Öse zum Annähen, die ineinandergesteckt werden. Es gibt viele Varianten und Größen. Der hier verwendete hat einen Ringdurchmesser von 17 mm. Angenäht nimmt er ca. 2 cm in der Breite in Anspruch.

Krepp-Perlen sind Wachsperlen mit einem gekreppten, rauen Farbüberzug.

Spaltring: ein zweimal im Kreis gebogener Metallring, auch Schlüsselring genannt.

Spitze: Jede Art von Spitze kann für Trachtenschmuck verwenden werden, z. B. Klöppelspitze, Häkelspitze, maschinengestickte Spitze, gehäkelte Motive etc.

Trachtenknöpfe zeichnen sich durch besondere Materialien, wie Hirschhorn, Horn, Hirschhornimitat, Metall, Perlmutt, Glas, Holz oder Posamenten aus, die entsprechende Muster, Farben oder Dekor haben.

Tüll: ein etwas starreres netzartige Gewebe.

Vichy-Karo: gleichmäßig gewebtes, meist kleines Karo, das aus gekreuzten Farbstreifen auf weißem Grundgewebe entsteht (in den Anleitungen wird daher nur die zusätzliche Farbe genannt), auch Bauernkaro genannt.

Vliesofix ist eine Applizierhilfe: eine doppelseitig aufbügelbare Vlieseinlage, die auf der einen Seite mit Papier beschichtet ist.

Trachtenschmuck-Workshop

Einige Modelle müssen „maß-geschneidert" sitzen, so z. B. Hals-, Armbänder, Ring oder Armstulpe. In den Anleitungen wird jedoch ein „Standardmaß" angenommen, das Sie Ihren eigenen Bedürfnissen anpassen müssen. Die Ausgangsmaße sind: 33 cm Halsumfang, 24 cm Handumfang, 17 cm Handgelenksumfang, 7 cm Fingerumfang und 50 cm Oberschenkelumfang. Anzupassende Maße sind mit Sternchen (*) gekennzeichnet. Der Hinweis in Klammern sagt Ihnen, wie Sie das Maß individuell berechnen können.

Beispiel:
• 17* cm (*Handgelenks-umfang)
• 20** cm (**Handgelenks-umfang plus 3 cm)

Messen Sie nun zunächst Ihren Handgelenksumfang. Ist er z. B. 19 cm (und nicht 17 cm), schneiden Sie für * 19 cm und für ** 22 cm zu.
Achten Sie darauf, Ihren Halsumfang nicht zu locker zu messen, damit sich das Halsband, das Sie nähen wollen, später „auf Zug" schließen lässt und nicht unschön vom Hals absteht.

Dirndltasche

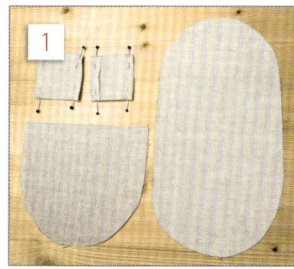

Ein Oval zur Hälfte falten und die Bruchkante absteppen (= Innentasche). Alle Kanten der Quadrate versäubern, 1 cm nach links klappen, knappkantig feststeppen (= Gürtelschlaufen).

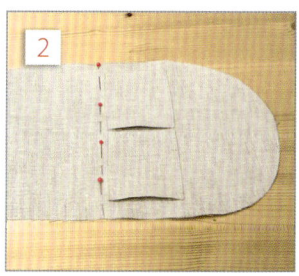

Beim zweiten Oval (= Taschen-außenteil) die Mitte (= Ober-kante) markieren. Die beiden Schlaufen an den parallel zur gesteckten Mittellinie liegenden Kanten feststeppen.

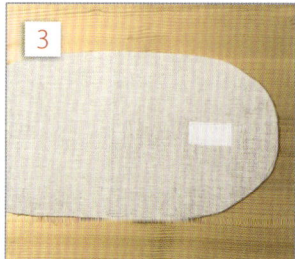

Auf die Innentasche die raue Klettbandhälfte aufnähen und bündig auf das dritte Oval legen, beides auf das Außenteil legen (Innentasche und Schlaufen liegen auf derselben Seite).

Schrägband rundum feststecken, dabei auch die Enden schließen, ringsum feststeppen. Mehrere schräg zugeschnittene Streifen ggf. zuvor auf die erforderliche Länge zusammensetzen.

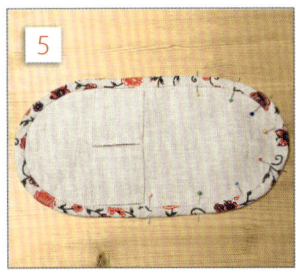

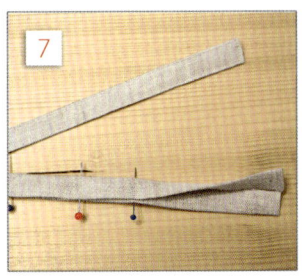

Die Blende auf die andere Seite und 1 cm nach innen klappen. Die Bruchkante auf die Ansatznaht legen und feststecken. Die Blende entlang der inneren Bruchkante feststeppen.

Die Tasche zusammenklappen. Auf der Innenseite der Klappe die genaue Position für die weiche Klettbandhälfte ermitteln, das Klettband feststecken und aufsteppen.

Variante mit Träger (statt Gürtelschlaufen): Den Streifen der Länge nach links auf links zur Hälfte falten, bügeln. Längskanten jeweils bis zum eingebügelten Bruch nach links falten, bügeln.

Halsband/Armband (schlicht)

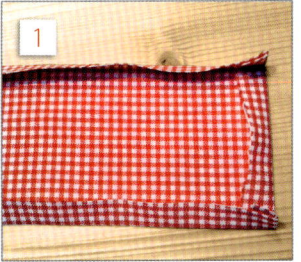

Band zusammenklappen und an der offenen Kante von rechts knappkantig absteppen. Die Enden auf der Taschenrückseite nahe an der Randeinfassung aufnähen.

Schneiden Sie ein Rechteck in der Länge des gewünschten Umfangs des fertigen Bandes zu. Die Nahtzugaben ringsum nach links umklappen und bügeln.

Das Band der Länge nach links auf links zur Hälfte legen, mit Stecknadeln fixieren und auf der rechten Seite rundum knappkantig zusammensteppen.